一生使える！　13歳からの論理ノート

小野田博一

PHP文庫

JN120122

○本表紙図柄＝ロゼッタ・ストーン（大英博物館蔵）
○本表紙デザイン＋紋章＝上田晃郷

　本書は「『論理的』の意味を完全に理解しよう」という目的の本です。

「この発言は論理的？」「この記述は論理的？」（そしてそれ以前の問題として、発言や記述の基になっている思考について）「この考え方は論理的？」などのような具合に、日常的に、とくに私たち自身の思考の中でよく使われるこの「論理的」という概念は、実はほとんどの大人には正しく理解されていません。「漠然とわかっているつもりであるものの、全然わかっていない人」がほとんどです（さもなければ「論理的にムチャクチャ」な発言・記述がこれほど多く世にあふれているはずがありませんから）。

「論理的」の意味を知るということは、「論理的に考える」「論理的に述べる（発言する・書く）」とはどのようなことかを知ることであり、それがわかれば、それらができるようになることを意味します。

　本書で「論理的」の意味を完全に理解し、論理的に考え、述べることができるようになりましょう。

小野田博一

論理？

contents

Chapter1

論理的であるために

contents
Chapter2

論理的な文章を書こう

contents

Chapter3

Chapter1

論理？

論理の主な意味は２つあります。

１つ目は「理屈」です。

つまり、ある人が変な理屈を述べていた場合、その人の話の論理は変なのです。

これは「理屈の組み立て方」と言い換えることもできるでしょう。

この意味の場合、「論理が正しい」とは、「理にかなっている」と同じです。

２つ目の意味は「演繹の形式」で、この意味の場合、「論理が正しい」とは、「演繹の形式が正しい」と同じです。

——と、こう説明しても、この２つ目の意味についてはよくわからない人がたくさんいるでしょう。これについては、あとで例を通して詳しく学ぶことにしましょう（たぶん、そこで例を見れば、説明がなくても意味がはっきりわかるでしょう）。

論理？

「論理的」とは何でしょう？

　多くの読者は、その素朴な疑問をもっていることでしょう。

　ここでは「論理的」について、じっくり考えてみましょう。

　【例】
　綾乃は昼寝をしたかった。だから、昼寝をしなかった。

　あなたは今、「はにゃ？」と思ったでしょう。「だから」の前後が正しくつながっていない、と思ったはずです。

　これで察しがつくだろうと思いますが、「だから」の前後が「だから」でつながっていない感じがするときは「論理的」ではなく、つながっている感じがするときは「論理的」なのです。

綾乃は昼寝をしたかった。だから、昼寝をしなかった。

「論理的」という言葉の意味について、ちょっとわかったような気になりましたか？

　【例】
　綾乃は昼寝をしたかった。だから、昼寝をした。

　綾乃の行動は論理的ですか？
　はい、そうですね。
「だから」の前の願望部分が、後ろの行動のもっともな理由になっています。だから論理的なのです。
　つまり、理由部分に「もっともな感じ」があるとき、それを「論理的」と呼ぶのです。

　【問題】
　雪枝は「私はダイエットする必要がない」と思った。だからダイエットした。

　雪枝の行動は論理的ですか？

　【答え】
　いいえ、論理的ではありません。

　理由部分に「もっともな感じ」があるとき、それを「論理的」と呼びます。

　そして、何を「もっとも」と感じるかは、人それぞれです。

　したがって、ある行動や意見が、ある人には論理的であって、また別の人には論理的でない、ということは頻繁にあります。

　もちろん「多くの人にとって論理的であるもの」や「多くの人にとって論理的でないもの」もあります。

　日本人（の多く）にとっては論理的であるが、同時に、日本人以外の人（の多く）にとって論理的でないものもあるでしょう。またその逆もあるでしょう。

　これらが意味することは次の点です。

あなたが意見を述べる場合、その意見は読み手や聞き手にとって論理的であるようにしなければならない。

　つまり、あなたにとって論理的である必要は必ずしもないのです。

　多くの人は自分の意見を述べるのが下手(へた)で、世には下手な意見があふれています。身近なところ、たとえば、新聞に書いてある意見をいくつか見てみましょう。それらは、「読み手や聞き手にとって論理的であるようにしよう」という努力がまったくなされていないはずです。
　まわりを見回し、それをチェックしてみてください。

　さて、話を少し前に戻し、本項の頭に出た「人それぞれ」の部分を確認しておきましょう。

【例】
　綾乃は昼寝をしたかった。だから、昼寝をした。

　これは既出(きしゅつ)の例で、そのページでは、「綾乃の行動は論理的である」と述べました。
　この例を少し変化させて次のようにしてみましょう。

【例】

　綾乃は授業中に昼寝をしたかった。だから、昼寝をした。

　綾乃の行動は論理的ですか？

　これは難問ですね。いえ、難問というよりも、奥の深い問題です。

　綾乃の行動は理にかなっている（論理的）ともいえますし、理にかなっていない（論理的でない）ともいえます。

　「したいことがある場合、それをしてはいけない理由がないなら、それをすることは理にかなっている」といえるでしょう。

　したがって、この例の場合、「授業中の昼寝」が「してはいけないこと、しないほうが望ましいこと」であるか否かが、綾乃の行動が論理的か否かを決めるわけです。

　あなたが「授業中に昼寝なんかしちゃダメだ」と強く

思っているなら、あなたにとっては綾乃の行動は理にかなっていない（論理的ではない）でしょう。

　でもあなたは、そうではなく、次のように考えるかもしれません。

「綾乃の行動は論理的だ。でも、それとは話が違うけれど、綾乃は悪いことをした」

　綾乃の行動が論理的であるか否か——その問題に対しては、絶対的な正解はありません。

　あなたにとって綾乃の行動が論理的に思えないなら、あなたには**「綾乃の行動は論理的ではない」**のです。

　あなたに綾乃の行動が論理的に思えるなら、あなたには**「綾乃の行動は論理的」**なのです。

「論理的」というのはそういうものなのです。

【例】
　本をたくさん読むととても疲れる。だから、私たちは本を読むべきではない。

　この意見は論理的ですか？
　多くの人は「論理的ではない」と答えるでしょう。でも、ごく少数の人々は「論理的だ」と答えるかもしれません。
　ここでは「疲れるから」という理由が「読むべきではない」という結論を支えていません（多くの人にとっては）。

　さてここで、あなたは、その多くの人のうちの１人だったとして話を先に進めます。

【例】
　薄暗い部屋で本をたくさん読むととても疲れる。だから、私たちは薄暗い部屋で本を読むべきではない。

　この意見は論理的ですか？
　多くの人は「論理的だ」と答えるでしょう。そして、

21

もちろんあなたも。

「論理的ではない」と答える人はあまりいないかもしれません。

つまり、この例では、「**疲れるから**」という理由が「**読むべきではない**」という結論を支えているのです（多くの人にとっては）。

うーん、何か変ではありませんか？

そう、変ですね。先の例では「**疲れるから**」という理由が「**読むべきではない**」という結論を支えていないのに、なぜこの例では支えているのでしょう？

実は、この例の場合、「**支えている**」と感じるのは錯覚なのです。あなたは結論「**私たちは薄暗い部屋で本を読むべきではない**」に賛成しているのであって、論理がどうなのかが見えなくなっているのです（あなたはおそらく、「**薄暗い部屋で本をたくさん読んで疲れないとしても、薄暗い部屋で本を読むべきではない**」と思っているでしょう。違いますか？）。

この２つの例が示すのは「結論に賛成である場合、論理が正しいか否かが見えなくなりがちである」ということです。

この落とし穴に注意が必要です。

なぜなら、あなたがある意見を書いたり話したりする

場合、あなたは当然ながら、自分自身の意見に賛成なので、述べている意見の論理が正しいか否かが、自分では見えなくなりやすいからです。

　もう１つ例を挙げましょう。

【例】
　金星には日本の宿泊施設がない。だから、金星に日本の宿泊施設を建てるべきだ。

　この意見に賛成する人はいないでしょう。「『**ない。ゆえに、建てるべき**』は理屈が変」と多くの人は思うことでしょう。
　でも、論理は同じままで、外見を変えると、次のようになります。

【例】
　この学校には女子更衣室がない。だから、女子更衣室

を作るべきだ。

　前の例に対して「理屈が変」と思う人でも、こちらの例に対しては「理屈が変」と思わないことは多いでしょう。その人は結論に賛成であるがゆえに結論に賛成しているだけであって、論理が見えなくなっているのです。**「結論には賛成だけど、この論理は変」**という具合に、結論に賛成か否かとは別に論理を考えることのできる人になりましょう。それができるのが、論理性の高い人間ですから。

5）前提

「論理」を扱う場合の（論理の話をする場合の）用語である「前提」は、日常的に使われる場合の「前提」とは意味が異なります。ここではその説明をします。

　まず、日常の場合での「前提」が何かを見てみましょう。

　美香「あした△△に行くでしょ？」
　由美「うーん、どうしようかなあ」
　美香「で、何時に待ちあわせする？」

この会話の最後のセリフは、2人が△△に行くことを「前提」とした発言になっています。ここでの「前提」の意味は、「あらかじめ当然のこととみなしていること」で、英語では presupposition です。

　論理を扱う際に使う「前提」premise は、これとは異なります。

　結論を導き出す際、無から結論を導くわけではなく、必ず何らかのことを基にします。この「何らかのこと」が「前提」です。

　例を挙げましょう。

【例】
　コリーは犬である。だから、犬でないならコリーではない。

　ここで、「犬でないならコリーではない」が結論で、「コリーは犬である」が前提です。

私はコリーじゃない

　前提から結論を導き出すことを、推論（inference）と
いいます。

　※注意：推測と混同しないように注意しましょう。推
　　　　　測は「たぶん＊＊だろう」という形の結論を
　　　　　導き出すことで、推論とは意味が異なりま
　　　　　す。

　前項の例「コリーは犬である。だから、犬でないなら
コリーではない」を推論の形で書くと、次のようになり
ます。

［推論］
前提：コリーは犬である。

_____

結論：犬でないならコリーではない。

※注意：25ページの例の文章中に「**だから**」があること
　　　　に注目！　「**だから**」は、推論の表中にある
　　　　「**前提**」「**結論**」のラベルの代わりの役割をして
　　　　いるのです（「どの部分が前提で、どの部分が結
　　　　論なのか」を示す役目を果たしているのです）。

　次の例では、前提が２つあります。

前提１：蛙（かえる）は両生類である。
前提２：両生類は気持ち悪い。

───────────────────

結論：蛙は気持ち悪い。

　なお、このように２つの前提から結論を導き出すこと
を三段論法（syllogism）といいます。

推論は２つに分けられます。１つは演繹（えんえき）（deduction）で、もう１つは帰納（きのう）（induction）です。

　２つの違いは、荒っぽくいえば、結論に「だろう」が入るか否かです。

　また、次のようにいうこともできます。

　結論の正しさが100％確実なのが演繹です（ただし、前提か論理が正しくなければ、結論は正しいとは限りません）。結論の正しさが100％確実でないのが帰納です。

・演繹例

　前項 6）にあった２つの推論は、どちらも演繹です。また、数学の証明ではつねに演繹が行われています（数学的帰納法と呼ばれている方法も、帰納ではなく、演繹です）。

・帰納例

　演繹以外の推論は、すべて帰納です。帰納にはいろいろなタイプがあります。主なものをいくつか挙げてみましょう。

前提：弥生時代（やよい）の遺跡（いせき）から馬の骨が出てきたことはま
　　　だない。

_____

結論：弥生時代（の日本）に馬はいなかっただろう。

　ちなみに、帰納から「**だろう**」を消すと、形は演繹に
なりますが、その演繹の論理は正しくありません。この
ことを上の例を使って確認しておきましょう。

　上の例から「**だろう**」を消すと、次のようになりま
す。

前提：弥生時代の遺跡から馬の骨が出てきたことはま
　　　だない。

_____

結論：弥生時代（の日本）に馬はいなかった。

これは演繹で、論理は正しくありません（この前提からこの結論を導くことはできません）。

[一般的傾向からの推測]
前提1：表紙がオレンジ色の本は概してよく売れる。
前提2：この本の表紙はオレンジ色である。

___

結論：この本はよく売れるだろう。

[統計的推測]
前提：この袋の中に入っているのは、赤いボール99個
　　　と白いボール1個である。

___

結論：この袋からボールを1つ取り出したら、それは
　　　たぶん赤いだろう。

[類推]
前提1：ヤモリは爬虫類である。
前提2：イモリはヤモリに外見が似ている。

___

結論：イモリは爬虫類だろう。
（注：イモリは爬虫類ではなく、両生類です）

[権威論証]

前提：考古学の専門家であるＡ氏は、平安時代よりも前の日本に絵馬はなかった、と述べている。

結論：平安時代よりも前の日本に絵馬はなかっただろう。

8) 論理思考

　さて、論理的に考える際の「論理思考」についてですが、これは英語では reasoning にあたります。

　reasoning とは、前提から結論を導き出すこと、およびその際の思考のことです。演繹（deduction）は、deductive reasoning とも表現され、帰納（induction）は、inductive reasoning とも表現されます。

　つまり、「論理的に正しく考えよう」とは「reasoning を正しく行おう」と同じなのです。

なお、logical thinking も「**論理的な思考**」の意です
が、こちらは意味がもっと広く、言動の背後の思考（言
動の論理性）まで含みます。たとえば、「**理屈はそうだ
けれど云々**」という人は、logical thinking に問題があ
るのです。

理屈に反する
現象にも、
ちゃんと
理屈はあるのよ

変な理屈……

9) argument（議論）

　論理思考の内容を言葉で表現すると、次のような形式となります。

〈前提〉ゆえに〈結論〉

　この内容を文章にする場合、結論は後ろのままの場合もあれば、前の場合もあります。つまり次の2通りです。

　(1)△△である。ゆえに＊＊である。
　(2)＊＊である。なぜなら△△だから。

　この形式の記述・発言を、英語では argument といいます。argument の訳語は「議論」ですが、日本語の「議論」には上記の発言形式の意味はないようです。それゆえ、本書では、この発言形式を指す語としては「argument（議論）」を用います（単に「議論」では、誤解が生じるおそれがありますから）。

　つまり、推論を文章の形に書いたものが argument（議論）です。

［推論］

前提：ヤンバルクイナは空を飛べない。

─────────────────────────────

結論：空を飛べるなら、ヤンバルクイナではない。

［argument（議論）］

　ヤンバルクイナは空を飛べない。したがって、空を飛べるなら、ヤンバルクイナではない。

argument（議論）

ヤンバルクイナは空を飛べない。
したがって、空を飛べるなら、
ヤンバルクイナではない。

【例】

　綾乃は昼寝をしたかった。綾乃は昼寝をしなかった。

　この文章では、1つ目のセンテンスと2つ目のセンテンスをつなぐものがありません。ただ2つの事実が書かれているだけです。2つの文の関連が示されていないため、どういう関係があるのかが、読者にはわかりません。この例を読んだ人の多くは、綾乃が「**論理的である**」とも「**論理的でない**」とも思わないでしょう。

　論理があることが「**字面で**」示されていないため、「**論理がない**」文章に見えるでしょう。

　論理は、文字で示さねばなりません。

　論理を文字で示すとは、「だから」「ゆえに」「したがって」「なぜなら」などの語を使うということです（なお、本書ではこれらを論理の標識と呼びます）。

論理を文字で
示すとは、
「だから」「ゆえに」
「したがって」
「なぜなら」
などの語を使うこと

これらの語を使うことで、どの部分の文が理由として何を支えているのかが読み手（聞き手）に伝わり、論理的であるか否かの判定対象となるのです。論理の標識がない文章は、「**論理がない**」と判断されるおそれがあります。

　「**論理**」があっても、論理を示す必要のない場合もあります。例を示しましょう。

【例】
　雨が降り始め、ゲームは翌日に延期された。

　ここでは論理は、文字で示されていません。雨が降り始めたことが延期の理由なので、「**雨が降り始めた。そ**

れゆえ、ゲームは翌日に延期された」と書くことは可能なのです。でも、そのように書きたい人はあまりいないでしょうし、「そのように書くほうが望ましい」と思う人は皆無でしょう。なぜでしょう？

　それは延期の理由が「大した理由」ではないからです。延期となったことに関して「おお、なんと論理的な決定だ！」と人を感心させる必要がないからです。

　つまり、「論理を示す価値がない場合」は、論理があることを字面で示す必要はないのです。

「大した理由」
でもないか…

さて、いよいよ本格的に演習に入ります。最初は、論理思考の基本である「演繹」の練習です。

簡単な問題ばかりですから、問題の前に説明しておくべきことは何もないでしょう。

各問題とも、与えられた前提から、どんな結論が得られるかを考えてください。

なお、以下の問題では、前提部分に「**前提：**」とラベルをつけるのは省略します（見かけがくどくなりますので）。

さあ練習！

【問題１】

A＋B＝5

A＝2

───────

結論：？

【答え】

結論：B ＝ 3

【問題２】

Yは素数である。

Yは奇数ではない。

_____

結論：？

【答え】

結論：Y ＝ 2

【問題３】

コウモリは哺乳類である。

この水族館に哺乳類はいない。

_____

結論：？

【答え】

結論：この水族館にコウモリはいない。

【問題４】
蜘蛛は昆虫ではない。
知美は蜘蛛を飼っている。

_____

結論：？

【答え】

結論：知美は昆虫でないものを飼っている。

【問題５】
静香はどの犬も好きだ。
ビーグルもボルゾイも犬である。

_____

結論：？

【答え】

結論：静香はビーグルもボルゾイも好きだ。

【問題６】
美佳は鵺が好きだ。
鵺はツグミの一種である。

_____

結論：？

結論：美佳はある種のツグミが好きだ。

美奈が川で水浴びをすることはない。
誰かが川で水浴びをしている。

___

結論：？

結論：川で水浴びをしているのは美奈ではない。

41

　以下の問題では、知識や常識の点から考えずに、論理のみを考えてください。あなたは正解が得られますか？

【問題１】
徹夜（てつや）は健康に悪い。
喫煙（きつえん）は健康に悪い。

これらから得られる結論は次のどれ？
⑴徹夜は喫煙である。
⑵徹夜は喫煙ではない。
⑶徹夜は喫煙かもしれない。

【答え】
⑶徹夜は喫煙かもしれない。

【問題２】
莉那（りな）はトカゲが好きだ。

これから得られる結論は次のどれ？
⑴莉那は、爬虫類はすべて好き。
⑵莉那は爬虫類がすべて好き、ということはありえな

い。
(3)莉那は、爬虫類はすべて好きかもしれない。

【答え】
(3)莉那は、爬虫類はすべて好きかもしれない。

【問題3】
私は海ガメが好きだ。

これから得られる結論は次のどれ？
(1)私は浦島太郎である。
(2)私は浦島太郎ではない。
(3)私は浦島太郎かもしれない。

【答え】
(3)私は浦島太郎かもしれない。

　以下の３問（ちょっとまぎらわしい問題３つ）では、純粋に論理だけを考えてください。「**実生活ではどうなのか**」の点から考えないように注意しましょう。

【問題１】
ミルクを飲まないと大きくなれない。
ゆえに、ミルクを飲むと大きくなれる。

この論理は正しい？

【答え】
　正しくない。
「**ミルクを飲む人の中に大きくなれる人も大きくなれない人もいる**」のであっても「**ミルクを飲まないと大きくなれない**」と矛盾しません。したがって、ミルクを飲んで大きくなれない人がいる可能性があるので、「**ミルクを飲むと大きくなれる**」とは結論できません。

【問題２】
ミルクを飲まないと大きくなれない。
大きくなれなかった。

したがって、ミルクを飲まなかったのである。

この論理は正しい？

【答え】

正しくない。

　前問と同じで、「ミルクを飲む人の中に大きくなれる人も大きくなれない人もいる」のであっても「ミルクを飲まないと大きくなれない」と矛盾しませんから、ミルクを飲んで大きくなれない人がいる可能性があり、「ミルクを飲まなかった」とは結論できません。

【問題3】

　ミルクを飲まないと大きくなれない。

　大きくなれた。

　したがって、ミルクを飲んだのである。

この論理は正しい？

【答え】

正しい。

　「ミルクを飲まないと大きくなれない」は、次の(1)から(4)のうち、(3)がいないことを意味します　((1)、(2)、(4)は

いる可能性があります)。

　(1)ミルクを飲み大きくなる人

　(2)ミルクを飲み大きくなれない人

　(3)ミルクを飲まず、大きくなれる人

　(4)ミルクを飲まず、大きくなれない人

「大きくなれた」ということは、残る(1)、(2)、(4)のうちの(1)の人だったことを意味します。したがって「ミルクを飲んだ」と結論できます。

　この問題に対して「論理は正しくない」と答えた人は多いでしょう。現実的には、ミルクを飲まずに大きくなる人はいるので、その点から答えてしまうと間違えることになります。間違える人は、論理がどうなのかを考えているのではなく、現実がどうなのかを考えているのです。

類題を２つ見てみましょう。

【問題】
独創的でない者は模倣する。

これが真実であるなら、模倣する者の中に、独創的な者は、
(1)いる
(2)いない
(3)いるかもしれないし、いないかもしれない

【答え】
(3)いるかもしれないし、いないかもしれない
　模倣する者の中に独創的な者がいてもいなくても「**独創的でない者は模倣する**」と矛盾しません。
　ゆえに、答えは「**いるかもしれないし、いないかもしれない**」となります。

【問題】
誠実な者はウソをつかない。

これが真実であるなら、ウソをつく者の中に誠実な者は、

(1)いる

(2)いない

(3)いるかもしれないし、いないかもしれない

【答え】

(2)いない

　2つ前の問題（45ページの【問題3】）と、論理は基本的に同じです。

　次は、演繹（えんえき）で欠けている前提が何であるかを考える練習です。

　どんな前提を補うと、すでに書かれている結論を導き出せるのでしょう？

【問題1】

鵺（ぬえ）はツグミ（の一種）である。

＿＿＿＿＿＿＿＿＿＿＿＿＿＿＿＿＿＿＿＿＿＿＿＿

結論：鵺は鳥である。

【答え】

ツグミは鳥である。

トラツグミ（別名、鵺〈ぬえ〉）

【問題2】

この川にはダムがない。

```

```
_____

結論：この川にダムを造るべきだ。

【答え】

ないものは、すべて造るべきだ。

（「ダムのない川にはダムを造るべきだ」でも正解）

【問題3】

　歩きながらタバコを吸っている人がいるのは、私には不快だ。

```

```
_____

結論：歩きながらタバコを吸うことを禁止すべきだ。

【答え】

私に不快なことは、すべて禁止すべきだ。

【問題4】

『**いっちゃえマリンちゃん**』（コミックのタイトル）を私は途中で下に置くことができなかった（最後まで一気に

読み終えた、の意)。

結論:『いっちゃえマリンちゃん』は名作である。

【答え】
途中で下に置くことのできない本は名作である。

　推論の文を argument（議論）に書き換えても論理は変わりません。以下では argument の形で出題します。
　さて、次の argument に欠けているのは何かを考えてみましょう。

【問題５】
（これは既出の問題の書き換えなので、バカバカしいほど簡単ですね）
　歩きながらタバコを吸っている人がいるのは、私には不快だ。だから、歩きながらタバコを吸うことを禁止すべきだ。

　何が欠けているのでしょう?

【答え】

私に不快なことは、すべて禁止すべきだ。

【問題6】

　静香はどの犬も好きだ。だから、静香はチワワもパピヨンも好きだ。

　何が欠けているのでしょう？

【答え】

チワワもパピヨンも犬である。

【問題7】

行灯袴（あんどんばかま）はスカートである。だから、巫女（みこ）さんはスカートをはいている。

何が欠けているのでしょう？

【答え】

巫女さんは行灯袴をはいている。

※補足：問題とは関係ありませんが、巫女がはく袴は
　　　　行灯袴だけではありません。

Chapter2

論理的であるために

16) 当然のこと

　当然のこととみなしている考えを、明言されていよう といまいと、アサンプション（assumption）といいま す。assumption の動詞は assume です。

　assume は、「真実であると考える」の意で、疑問や 根拠（こんきょ）なしにそう考えるときに使われます。

　この本は英語の本ではありませんが、理解のために、 assume を使った例文を見ておきましょう。

Since the curtains were shut, I simply assumed it was night outside.（カーテンが閉まってたから、外は夜だって 思ってたよ）

　これで assumption および assume が何かわかります ね。

【問題】
　数学や物理の知識がなくてもパソコンは誰にでも使え るため、科学者や技術者に対する尊崇（そんすう）の念を、人々は失 ってしまった。

　この文に隠（かく）れているアサンプションは何？

【答え】

　科学者や技術者は、コンピューターを使えるという理由のみで尊崇されていた。

　これがないと、前半と後半の意味がつながりません（これがあると論理のギャップが埋まります）。

　ちなみに、たいていの人は、このアサンプションに賛成しないでしょう。したがって、そのアサンプションに気づく人のほとんどは「もとの文は変」と思うでしょう。ただ漫然と文を読むだけの人は、もとの文を読んで何も考えずに終えるでしょう。論理をつねに考えている人とそうでない人の違いはそこによくあらわれます。

　さて、話を argument（議論）に戻します。

　argument（議論）に当然のことをすべて書いていたら、時間と労力の無駄です。それで、当然のことはよく省略されます。

　当然のことゆえに前提の一部が省略された例を見ておきましょう。

【例】

鶫はツグミ（の一種）である。だから、鶫は鳥である。

【例】

静香はどの犬も好きだ。だから、静香は柴犬もプードルも好きだ。

これらを省略なし版にすると「**鶫はツグミ（の一種）である。ツグミは鳥である。だから、鶫は鳥である**」「**静香はどの犬も好きだ。柴犬もプードルも犬である。だから、静香は柴犬もプードルも好きだ**」となり、くどい感じになります。

「省略してもかまわないものは省略してよい」——これは当然ですね。

17）省略されているものに注意

省略されるものは「**当然のこと**」だけではありません。

当然ではないにもかかわらず前提が省略されるとき——それはどんなときでしょう？

それはごまかすときです。読み手・聞き手にとって当然でない前提は、明言すると、それが怪しい前提（読み手・聞き手の同意が得られない前提）であることがバレてしまうため、それは隠される（明言されない）のです。

　このタイプの省略は、意識的に行われもし、無意識に行われもします（無意識のことが多いでしょう）。

　このタイプの省略の典型例を挙げましょう。

【例】
「歩きタバコは不快である。歩きながらタバコを吸うことを禁止すべきだ」

　これを省略なしの形にすると、次のようになります。

「歩きながらタバコを吸っている人がいるのは、私には不快だ。私に不快なことは、すべて禁止すべきだ。したがって、歩きながらタバコを吸うことを禁止すべきだ」

　このように省略なしにすると、ムチャクチャなことを述べていることが歴然となりますね。ところが、
「歩きタバコは不快である。歩きながらタバコを吸うことを禁止すべきだ」

では必ずしも歴然ではありません。省略なし版のほうをムチャクチャと思い、省略版のほうをムチャクチャと思わない人は、「省略」にごまかされているわけなのです。

ちなみに、この省略版では「論理の標識」も省略されている点にも注目しましょう。論理をごまかそうとする人は、論理の標識も好んで省略する傾向があるのです。論理の標識が省略されている場合は、「論理のごまかし」の警告信号と判断してよいでしょう。

18) 実生活での論理の欠陥

前項の例から察しがつくでしょうが、日常的によく見られる変な論理（変な理屈）は、多くの場合、隠されている前提が変なのです。

ある記述・発言に対し、あなたが**「変な理屈だけれど、なぜ変なのかがわからない」**と思うときは、隠れて

いる前提が何であるかを考えれば、たいていは、なぜ変なのかがわかるでしょう。

19) argument（議論）の間違い

前項の直後なので、本項はあまり説明せずとも、容易に理解できるでしょう。

argument（議論）の間違いには、次の３つのタイプがあります。

a. 前提の間違い（明言されている部分の間違い）
b. 前提の間違い（明言されていない部分の間違い）
c. 論理形式の間違い

狭（せま）い意味の「論理の間違い」は c です。

広い意味の「**論理の間違い**」はｂとｃで、日常生活で「その論理は間違っている」（「その理屈は間違っている」の意）と述べる場合は、ほとんどがｂです。

　【ａの例】
　カモノハシには尖（とが）ったクチバシがある。したがって、カモノハシは鳥である。

「カモノハシには尖ったクチバシがある」は間違い（真実ではない）。つまり明言されている前提が間違っている。

　【ｂの例】
　カモノハシには平たいクチバシがある。したがって、カモノハシは鳥である。

　明言されていない前提は「平たいクチバシがあるものは、すべて鳥である」
　この前提は間違い（真実ではない）。

【c の例】

　カモノハシには平たいクチバシがある。したがって、カモノハシでないなら、平たいクチバシはない。

　前提「**カモノハシには平たいクチバシがある**」から、結論「**カモノハシでないなら、平たいクチバシはない**」は導けない。したがって、これは論理形式が間違っている。

20）ギャップがないと思えるくらいのギャップ

　実生活の議論（たとえば、「**私たちは△△すべきだ。なぜなら＊＊だから**」）では、ほとんどの場合、結論とそれを支えるものの間にはギャップがあります。
　ギャップを埋めるためにほとんどを述べつくそうとすると膨大（ぼうだい）な時間と労力が必要ですし、時間と労力をどれほどかけてもすべてを述べつくすことは不可能です。完全な演繹である数学の論証ですら、いろいろな部分が省略されていて、いろいろなところにギャップがあるくらいなので、実生活の議論中にギャップがあってもしかたのないことですね。
　ただし、「ギャップはあって当然なので、どのような

ギャップがあってもそのままでよい」というわけではありません。ギャップを埋めているものが必要です。それが「もっともな感じ」（言い換えると「理にかなった感じ」）です。

　つまり、「Ａ。なぜならＢ」の議論でＡとＢの間にギャップがあっても、そのギャップは、「ＢだからＡという結論になるのはもっともだな」と読み手・聞き手が思うもの——ギャップがないと思えるくらいのギャップ——でなければならないのです。

大きな
ギャップ
だなぁ

21）論理のキズ・欠陥(logical flaws)

　実生活の議論にはほとんど必ずギャップがあります。つまり、ほとんど必ずキズ・欠陥があります。それらは、キズ・欠陥と見えないものでなければなりません。

　キズ・欠陥として明らかなものは避けねばなりませ

ん。巨大な（自明な）キズ・欠陥の主なものを以下に並べておきましょう。とくにこれらに注意が必要です。

- 少ない例から一般化を行っている
- とても異なっている二者比較による類推
- 結論を支えるのに不適切な統計値を基にしている
- 重要な何かを無視している
- 事実（反例）を無視している
- 見落とすべきでない可能性を見落としている
- 考慮に入れるべきものを考慮に入れていない
- 知っているべきことを知らない
- 意見そのものをアタックしていない（個人攻撃・人身攻撃）
- 歪めた意見に反論している
- 定義をしていない——用語を曖昧な意味のままで（どのような意味かを述べずに）使っている
- 語の意味を歪めて使っている
- 根拠とする事実が、ない・十分でない
- 循環論法を使っている（circular argument）
- argument（議論）になっていない
- 原因でないことを原因として見ている
- **「その件のエキスパートでない人」の意見を土台にしている**

- 反論になっていない（もとの結論を否定していない）
- 証明なし（no proof）
- 正しいと考えている部分が変・怪しい・疑わしい・間違い、等々

　以下、数項にわたって、「もっともらしさ」（もっともな感じ）について、理解を深めましょう。

　これらを見れば、「もっともらしさ」とはどのようなものであるかがはっきりとわかるでしょう。

　演繹の場合、前提と論理が正しいなら、結論は必ず正しいのです（前提が真実で論理が正しいなら、結論は真実です）。「結論はたぶん正しいだろう」とか「結論はほとんど確実に正しそうだ」などとはなりません。

　帰納の場合は、「必ず正しい結論」は得られません。そのため、帰納では、「理由が結論をどれほど強く支えているか」の感じが大切となります。「そういう理由なら、その結論となるのはもっともだな」と読み手・聞き手に思わせなければならないのです。支えている感じが強いのであれば「論理（理屈）は正しそう」に思え、支えている感じが弱いのであれば「論理（理屈）は正しくなさそう」に思えるのです。

「一般化」の例を挙げましょう。

【例】
α　「きのうこの湖で魚を1匹釣ったところ、それはフナだった。この湖にはフナしかいないのだろう」
β　「ここ数年の間に私がこの湖で釣った魚は合計1000匹以上で、それらはすべてフナだった。この湖にはフナしかいないのだろう」

α を見た人はたいてい「ムチャクチャな推論だ」とか「理屈が変」と思うことでしょう。1例（サンプル1つ）だけから結論を導いているので、支えている感じがほとんどないからです。

　一方、β のほうには「そうかも。でも違うかも」と思う人が多いでしょう。こちらは α と比べてサンプル数が多いので、支えている感じが α よりもはるかにあるのです。

　なお、この「もっともな感じ」のある推論、支えている感じの強い推論を、説得力のある推論といいます。

　ここでの「説得力」とは、「理屈の説得力」のことです。日本人の多くは「説得力」≒「頼み込むうまさ」と考えているでしょうが、ここでいう説得力はそれとは関係ありません。

　一般化（generalization）は、限られた例で「ある属性・傾向」が見られることを根拠に、その属性・傾向はすべてで見られるだろう、と結論するものです。

　たとえば、次のようなものが一般化を行っている推論です。

「私がこれまでに見たバラの中に青いものはなかった。だから青いバラは存在しないのだろう」
「私の中学では、女子の25％ほどが髪を三つ編みにしている。だから日本の中学生の女子の25％ほどは髪を三つ編みにしているだろう」

このバラは青い？

　一般化の推論の場合、前項で見たとおり、もっともらしさに最も影響があるのは、サンプル数です。サンプル数が多ければ、たいていの場合、もっともらしさは強く

なります（直前の例では、「中学1校だけで日本の全中学でどうなのかを云々_{うんぬん}するのは、サンプル数不足」とたいていの人は思うでしょう）。

ワサビ、
きらい

ぼくも
きらいだから、
だれもがきらい
なんだろうね

類推は「XとYで、属性Aがどちらにもあるので、Xにある属性BはYにもあるだろう」という型の推論です。

類推でもっともらしさに最も影響があるのは属性Aと属性Bの関係の強さです。

例を挙げましょう。

【例】
α「XもYも鳥である。Xにはクチバシがあるから、Yにもクチバシがあるだろう」

β「XにもYにも翼がある。Xには尖ったクチバシがあるから、Yにも尖ったクチバシがあるだろう」

αのほうの、鳥とクチバシには強い関係があります（鳥にはたいていクチバシがあるでしょう）。

βのほうの、翼とクチバシの関係はあまり強くありません（翼がありながらクチバシのないものはいろいろあります）。

というわけで、推論αのほうが推論βよりももっともらしさがあるのです。

【例】

γ 「本Sは表紙がオレンジ色で、よく売れた。本T
　　も、表紙がオレンジ色だから、よく売れるだろう」

　この類推のもっともらしさは、属性A（表紙がオレン
ジ色であること）と属性B（売れ行き）の関係の強さに大
きくかかっています。

　したがって関係を弱める例があるなら、γ のもっとも
らしさは弱まるわけです。つまり、

「本Uは表紙がオレンジ色だったけど、全然売れなかっ
たよ」

　という指摘は、γ のもっともらしさ（理屈の説得力）
を弱めます。

当てはめる対象は、特殊であってはダメです。

下のイラストの例では、特殊な対象への当てはめを行っています。したがって、もっともらしさはほとんどありません。

芳美は数学のテストで
いつも満点をとっている。
でも、女の子には数学が
苦手な子が多いから、
芳美も数学が
苦手なのだろう。

この型の推論（たいていは同意する結論を述べるだけの推論）では、引用・言及する意見の発言主がその件のエキスパートであることが重要です。

ここでいうエキスパートとは、取り上げられている件に関して詳しく知っている人のことで、狭い意味の専門家の意ではありません。

A「アメリカは自由の国で、不平等の自由（不平等であってもよい自由）すらある」

アメリカで生まれ育ったアメリカ人がこれを言う場合と、１週間アメリカに旅行して帰ってきた日本人が言う場合で、説得力が違います。したがって、次の推論αと推論βとでは、αのほうがもっともらしさは強いのです。

【例】

α 「アメリカで生まれ育ったアメリカ人がＡと述べている。だからアメリカには不平等の自由があるのだろう」

β 「１週間アメリカに旅行して帰ってきた日本人がＡと述べている。だからアメリカには不平等の自由があるのだろう」

　すでに書いたことを繰り返しますが、議論の形式は、「〈前提〉ゆえに〈結論〉」です。

　これを argument（議論）の文に書き換えると、

　(1)　△△である。ゆえに＊＊である。

　あるいは、

　(2)　＊＊である。なぜなら△△だから。

　で、前提部分を別の言葉で表現すると「理由」です（詳しく書くと「その結論となる理由」）。

　つまり、argument（議論）には「理由」の部分が必要です（それがなければ argument〈議論〉ではありません）。

　【例】

　今までにこの湖でシーラカンスが釣れたことはない。だから、この湖にシーラカンスはいないのだろう。

　この例で「今までにこの湖でシーラカンスが釣れたことはない」は前提であり、かつ、「この湖にシーラカンスはいないのだろう」という結論となる理由です。

　なお、この例のように、理由が「事実」に関するもの

であるときは「根拠」ともいいます。

【例】

　ターカヒは地球上に現在９羽しかいない。このままでは絶滅してしまうだろう。したがって、ターカヒを保護しなければならない。

　この例は三段形式の argument（議論）になっています。

「ターカヒを保護しなければならない」という結論となる理由が「このままでは絶滅してしまうだろう（から）」です。

「ターカヒは地球上に現在９羽しかいない」は「このままでは絶滅してしまうだろう」という推測が得られる根拠です。

　つまり、

　という形式になっているのです。

なお、結論があり、結論を支える理由があり、その理由を支える事実がある形式は、論文の基本構造で、小論文（essay）はこの形式で書かねばなりません（小論文の書き方は後述）。

「この新製品はよく売れるだろう。それは明らかだ」
　この発言に説得力を感じる人はほとんどいないでしょう。「この新製品はよく売れるだろう」という結論部分を支えるものがないからです。「明らかだ」には、結論を支える力がないからです。
「この新製品はよく売れるだろう。売れて当然だ」
　この発言にも説得力を感じる人はほとんどいないでしょう。「当然だ」には、結論を支える力がないからです。
　次のように変えた文でも、説得力はほとんどありません。
「明らかに、この新製品はよく売れるだろう」
「当然ながら、この新製品はよく売れるだろう」
　また、「もちろん」も同様です。
「もちろん、この新製品はよく売れるだろう」
　この発言にも説得力を感じる人はほとんどいないでし

79

ょう。

「明らか」「当然」「もちろん」「確かに」などは、支え
るものを省略しようとする場合の表現です。これらを使
う際は、その点に注意しましょう。

　たとえば、小論文であなたが「もちろん私たちは＊＊
せねばならない」と書いたなら、あなたは「＊＊せねば
ならない理由」を書き落としてしまっているのです。理
由を示さずに主張をしている部分があると、論理性の欠
けた文章に見えるので、注意が必要です。

「もちろん＊＊である」と述べたら、その後ろには「な
ぜなら〜」という文を必ず置きましょう。

　幼い頃は「なぜ？」と疑問をもったときに、そのまま質問するものです。

　日本人の場合、年をとるにしたがって「なぜ？」と聞くことが少なくなっていきます。

　察する習慣をつけさせられるからでもあり、「**目上の者に従順に従うのが美徳**」という考え方（「＊＊してくれ」と言われたら、「**なぜ？**」と聞くのではなく、ただ従順に「**はい**」と答えるべき、という考え方）を身につけさせられるからでもあります。

　国語のテストでは、次のタイプのものがよく出題されます。

「筆者は下線部Aと述べているが、それはなぜか」

　この質問に対する答えはふつう、筆者の書いた文中にはありません。つまり、理由を書き落としている欠陥 argument（議論）を読んで、筆者の書き忘れたものを察するトレーニングをしているわけです。

「これはひどい文章だから、このような文章を書いてはいけない。理由を書き落とさないように」と指導を受けることなしに、このような文章をたくさん読むうちに、生徒は、理由を書き落としている欠陥 argument（議

論）を書く習慣を身につけます。

　小中学校で、このようなトレーニングをすべきではありません。すべきなのは、理由部分を落とさずに文章を書くトレーニングです。

　幼い頃にもっている「なぜ？　なぜ？」と、いろいろなことに疑問をもつ心を大切にすること。

　というのは「なぜ？」を無視すると、思考は論理的でなくなるからです。

　日本人の発言は、論理的でない（あるいは、論理がない・論理が表現されていない）ことがよくあります。「なぜ？」の部分が発言中に十分（あるいは、まったく）表現されていないからです。

　「Ｚ氏は＊＊と述べているが、とんでもないことだ。それで納得する人がいるとでも思っているのだろうか。あきれかえるばかりである」というタイプの文章はよく見かけられますね。

　これが、論理的な発言・記述のできない日本人がする**「発言・記述の典型例」**です。この文章の書き手はＺ氏が述べた＊＊が正しくないといえる理由をまったく述べていません。これは、論理的か否か以前の問題で、論理がないのです。

　日本人は、理由を落とすことがよくあります。理由なしの表現にずいぶんなじんでいるので、理由を落としやすい傾向（理由を落とす習慣）があります。

　よく、次のような記述があります。

　お召し上がり方：冷やしてお召し上がりください。

　理由の添えられていない命令形で不快感を与える表現（「従順に従え」のタイプの表現）で、「個人の自由」の領域に踏み込んでいます（冷やして食べるか冷やさずに食べるかは、個人の自由の領域）。

　冷やさずに食べると危険な場合のみ、命令形が適切です。その場合でも、理由を添えるのが望ましいのです。たとえば「冷やしてお召し上がりください。冷やさずに食べると＊＊の危険があります」という具合に。

　危険とは関係ないなら──たとえば、冷やすのが単においしさのためなら──「冷やすと最もおいしくお召し上がりいただけます」とか「冷やすとよりおいしくお召し上がりいただけます」などのように書くのがよいのです（冷やすのがおいしさのためであることが伝わるので）。

※注意：「すべてにわたって理由が必要」というわけでも、命令に必ず理由が必要というわけでもありません。単なる連絡事項には、理由は不要です。たとえば、「**きょう３時45分から学級委員会を開きます。学級委員はその時間に生徒会室に集まってください**」でＯＫ。なぜ学級委員会を開くのかの理由は不要です。メンバーを集める権限がある者がメンバーを集めるので、単に命令のみでよいのです。

意見は、論理的に（理由で支えて）述べなければなりません。賛成なら必ずしも意見を述べる必要はなく、**「そのとおりだね」**くらいで十分なときは多いのですが、反論（次項）のときは、論理性の高い意見を述べなければなりません。

その案には
断じて
反対します

これではダメ

　反論は「もとの argument（議論）の結論部分の否定形」を結論にもつ argument（議論）のことです。

　議論A「Cである。なぜなら＊＊だから」
　議論Aに対する反論「Cではない。なぜなら△△だから」

　日常生活のインフォーマルな反論の場合、「Cではない」の部分が自明なときはそれが省略されることがよくあります。その場合、反論は「△△ですよ」だけのような形になります。

【例】
議論B「弥生時代の日本には馬はいなかっただろう。弥生時代の遺跡から馬の骨が発見されていないから」
反論「馬がいなかったとはいいきれない。今後、発見されるかもしれませんから」
インフォーマルな反論「今後、発見されるかもしれませんよ」

なお、この反論は、可能性を示唆する議論なので「弱い反論」です。強い反論は「弥生時代に馬はいた。なぜなら＊＊」の形のものです。強い反論、弱い反論の違いはこれであって、語調の強さ弱さとまったく関係ありません。

※注意：「強い反論をするために断定できる根拠がなくても断定せよ」と述べているのではありません。その点を誤解しないように注意してください。断定できる根拠がなかったら可能性の示唆でとどめるのが正しいのです。断定できる根拠がないときに断定すると、論理性は損なわれます。

　本項の頭で書いた例文を詳しく書き換えましょう。

　議論Ａ「Ｃである。なぜなら△△だから」
　議論Ａに対する強い反論「Ｃではない。なぜなら＊＊」
　議論Ａに対する弱い反論「Ｃではないかもしれない。なぜなら＊＊」
　日常的には、反論のつもりで述べられている発言が、反論になっていないことはよくあります。つまり「寝ぼ

けた反論」「大ボケ反論」ともいえるものがよく発言されます。

A「メロンはおいしい。なぜなら＊＊」
B「杏もおいしいよ。なぜなら＊＊」

Bの発言は反論になっていません。Aが「メロンのみがおいしい」と述べたなら、正しい反論になっていますが、Aはそのように述べてはいませんから。

生徒「校長先生、〈授業と授業の間の〉休み時間を15分に延ばしましょう。10分では短すぎます」
校長「きみは最近よく遅刻しているようだね。そんなことを考えているよりも、もっと勉強を一生懸命しなさい」
校長の発言は反論ではなく、反論を述べることを避けている発言です。

A 「女の子は上品であるべきだ」

B 「それは性差別の意見だ」（大ボケ反論——これを述べても、女の子が上品でなくてもよいことの理由説明になっていません）

C 「Aくんの意見は古い」（大ボケ反論——同上）

古い意見は
どれも
正しくない……
ほんとに？

33) レトリックを使わないこと

　レトリック（rhetoric＝修辞法）とは、真意がAでありながらBと述べてAの意を伝えるさまざまな方法のことを指します。レトリックを使うと、とくに文章の場合、論理性がいちじるしく損なわれますから、レトリックを使わないようにしましょう。論理的な表現の鉄則は「Aが真意のときは、Aと述べること」です。

　例を挙げましょう。

【例】

R氏「そのような馬鹿げた意見は聞いたこともない」

　この発言の真意は「それは馬鹿げた意見だ」です。聞いたことがあるかないかは重要な点ではなく、たとえば誰かがR氏に対して「私は聞いたことがありますよ」と言ったなら、R氏は「私が言っているのは、そんなことではない」と言うでしょう。つまり、R氏の発言は聞いたことがあるか否かは重要な点でないにもかかわらず、聞いたことがあるか否かを述べている大ボケ発言なのです。

　また、R氏の発言に暗示されている論理は「そのような意見は聞いたことがない。だから間違っている」で、

この論理は正しくありません。

「その意見は間違っている。なぜなら＊＊」と述べるのが、正しい論じ方（意見の述べ方）です。

　【例】
　それを作るのにどれほどお金がかかるかにはふれません。

「ふれません」と言っているが、ふれている。これは矛盾。

　【例】
　私たちは＊＊をすべきではないだろうか。

　これは質問しているのではなく「＊＊すべき」の意。「＊＊すべき」と主張する意図でありながら主張の形を避けるのは、反論を避けるため（反論を受けたら、そのときに「私は問いかけたのであって主張はしていません」と言える逃げ道を用意している）。フェアでない述べ方です。ちなみに、英語圏の小論文で、この形で結論を書くと、減点対象となります（結論がないがゆえに）。

　『文学の終焉（しゅうえん）』というタイトルの本があったとしましょう。あなたはそのタイトルを見てどう思いますか？

終焉というのは終わりの意ですが、文学には終わりはないので、それは変なタイトルです。もしもあなたがそのタイトルを「**変**」と思ったのなら、あなたは理詰めに論ずる姿勢のできている人で、あなたには本書はすでに不要かもしれません。もしもあなたが「**けっこういいタイトルだ**」と思ったなら、あなたはレトリック病にかかっています（レトリックにすっかり浸<ruby>浸<rt>ひた</rt></ruby>っていて、無意識のうちにレトリックを使ってしまう習慣の人でしょう）。今のままでは理詰めに論ずることはできないでしょう。そのことをしっかり知って、論ずる姿勢を改めましょう。

　日本人には、反論を述べようとして、相手を黙らせることを目的とした発言をする人がたくさんいます。議論の際には「相手を黙らせようとする発言」をしてはいけません。あなたが述べるべきことは、「あなたの主張を述べ、その主張を支えるものを（相手が理解できるように詳しく丁寧に）述べること」です——ただそれだけです。それ以外のことを述べたら反論ではありません。

　反論のつもりで「そんなことを言うなんて、非常識だ」と言うのがダメなことは、もう十分わかりますね。それでは反論ではありません。

「ヘ理屈だ」という発言は、言い換えると、「その理屈はとんでもなく間違っている」とだいたい同じです。したがって、単に「ヘ理屈だ」というのは、間違っていると述べながらも「なぜ間違っているのか」を述べない発言なのです。

「重要度が些細（ささい）な側面の理屈を取り上げて、それが最も重要な点であるかのように述べた理屈」を「ヘ理屈」と呼ぶことが多いのですが、その「ヘ理屈」に対しては、その理屈がポイントはずれであることを指摘するのが正しいのです。「ヘ理屈だ」と述べて終わらせようとするのは正しくありません。

　例を挙げましょう。

　たとえば、

「暴力を振るうのは間違っている。だから、スリを逮捕（たいほ）するときに道路に犯人をねじ伏（ふ）せるのは間違っている」

　これはヘ理屈です。

　さて、これに対し、「それはヘ理屈だ」と言うのではなく、何と言ったらいいか、わかりますか？

　たとえばこう言えばいいのです。

「その意見は、暴力の意味を取り違えているよ」

　相手が変な argument（議論）を述べたときでも、あ

なたは正しく argument（議論）を述べねばなりません。

　反論に関連した話題として、次の点にもふれておきましょう。

　日本には、相手の主張を一旦認めたうえで「しかし」と述べるのを好む人がたくさんいます。この発言形式について、です。

「確かにあなたのおっしゃるとおりです。でも＊＊」

　これは矛盾。肯定してから否定しているので。

　この形（一旦認めたうえで「しかし」）は、日本ではけっこう好まれていますが、英語圏では嫌われています。否定する前に肯定したいなら、必ず**「部分的な肯定」**にしましょう。たとえば「**△△の点は、あなたのおっしゃるとおりです。でも＊＊**」という具合に。その形にすれば、矛盾ではありません。

で、でも…

　反論を述べるときに限らず、あなたが意見を述べるときには、主張を「常識」で支えようとしてはいけません。

「常識」で支えようとする、とは、たとえば、次のように述べることです。

　月に図書館を作るべきだ。常識的に考えてみればわかる。
　月に図書館を作るべきだ。そんなの常識だよ。
　月に図書館を作るべきだ。誰だってそう考えている。

　これでは、相手にとって、何も説得力（理屈にもっともな感じ）がありません。

※注意：「常識の支える力は例にもよりけりで、次の例では説得力がある」と誤解している人がいるかもしれません。
「地球は丸い。そんなの常識だよ」
この例に説得力を感じる人がいるのなら、その人は、「地球は丸い」という主張そのものに同

意しているだけであって、「**そんなの常識だよ**」の支える力によって（理屈によって）納得しているのではありません。

常識だ、で済まそうとしてはいけないのは、常識だよ…あれ??

　既出の例を使って、反論練習をしてみましょう。

(1)
　a「歩きながらタバコを吸っている人がいるのは、私
　　には不快だ。だから、歩きながらタバコを吸うこと
　　を禁止すべきだ」

「歩きながらタバコを吸うことを禁止すべきだ」という
結論にあなたはたぶん賛成したいでしょうが、練習とし
て、これに対して反論してみましょう。

　すでに見ましたが、この argument（議論）には「私
に不快なことは、禁止すべきだ」が明言されていませ
ん。これがあって初めて結論「歩きながらタバコを吸う
ことを禁止すべきだ」が導かれます。したがって、この
明言されていない部分をアタックすれば効果的な反論に
なります。たとえばこうです。
「あなたにとって不快だから、それゆえ、禁止する法律
を作れってことですか？　それでは禁止すべき理由とし
て十分ではないでしょう」
　ちなみに、*a* の大きな欠陥は「私には不快」の部分にあ

ります。次のように変えると、説得力の強い argument
（議論）になります（誰をも納得させることができる、とい
うほどではありませんが）。

「歩きながらタバコを吸っている人がいることを、多く
の人が不快に感じている。〈ここで具体的な統計資料を
挙げる〉だから、歩きながらタバコを吸うことを禁止す
べきだ」

(2)

「この川にはダムがない。だから、この川にダムを造る
べきだ」

　これに反論してみましょう。

「ないから造るべきというのは正しくありませんよ。そ
れなら、同様に、月に植物園がないから、月に植物園を
造るべきだってことになりますよ」

※注意：以上の２つは、「この言い回しがよい」という
　　　　例ではありません。その点を誤解しないように
　　　　してください。アサンプション（58ページ）を
　　　　アタックすると有効であることを示すための例
　　　　です。

さて次の問題では、既出例ではない argument（議論）を使ってみましょう。

⑶

「動物を殺すのはかわいそうである。だから人間は肉食をやめ、菜食主義になるべきである」

　これに対する反論を次の中から選ぶなら、どれが最もよい？

α　「きみは肉を食べているじゃないか。きみにはそんなことを言う資格はない」

β　「それは極論だ」

γ　「動物を殺したあと食べずにおいたらもっとかわいそうだ」

δ　「そんなことを言うのは、きみだけだ。みんな、そのようには思っていない」

ε　「動物を殺すのはかわいそう、の部分には、植物を殺すのはかわいそうではないの意があるが、植物にも感情はあるから、植物を殺すのはかわいそうではないというのは間違っている。したがって、かわいそうだからという点は肉食をやめるべき理由とな

らない」

ζ（ゼータ）「血管の維持にはコレステロールが必要で、肉食を
　やめたらコレステロールがとれず、生体の維持がで
　きない。だから菜食主義になってはいけない」

【答え】

ε

εはもとの議論の論理をアタックしていて、有効な反
論。

αは個人攻撃で、「してはいけない反論」。議論と個人
は別物。肉を食べている人でも、「肉をやめるべきだ」
と主張してよい。

βは、審査員として判定を下しているだけで、反論で
はない。また、「極論である」と述べたいなら、なぜ極
論といえるのか詳しい説明が必要。

γは「悪いこと２つを並べて、そのうちの一方のほう
がまだまし」と述べる形式の詭弁（こじつけ、ごまかし
の議論）。

δも詭弁のタイプの１つ。「どの意見を何人が支持し
ているか」は意見そのものを何も支えない。

ζは説得力はありそうな反論（εよりも説得力がある
かもしれない）ではあるが、逆の側である自説を主張し

ているだけで、もとの argument（議論）の支柱をアタックしていない（無視している）ので、反論としては望ましくない。このタイプの反論をすると、互いに別の次元（別の面）の自説を述べているだけの、堂々めぐりの議論になりやすい。

Chapter3

論理的な文章を書こう

　さて、ここまで読み進んだあなたは、「論理的である」ということに関してずいぶん理解を深めたことでしょう。「論理的な文章」（論理性の高い文章）とはどういうものかも、あなた自身ですでに説明することができるかもしれません。

　以下は、「論理的な文章」についての話です。あなたの理解と合致しているかどうか、確認しながら読んでいってください。

　さて、「論理的な文章」で、たいていの高校生が書かねばならないことになるのは小論文です。中学生が小論文を書くことはないように思えるかもしれませんが、実は同じものを中学生で書きます──「作文」の名で。小論文も作文も本質的には同じものなのです。どちらも論理構造をもつ、何かを「論ずる文章」です。

　作文と小論文に本質的な違いはありません。伝えようとしている考えを、詳しく、読む人に誤解なく伝わるように書く文章──それが作文であり、小論文です。

　実は、小学生でも、「論ずる」文章を書くチャンスはあります。それは読書感想文です。ただし、小学校では

「論じ方」は教わりませんから、小学生の書く読書感想文は「論文」（何かを論じている文章）ではありません。結論である主張を書き、それを支える理由を丁寧に書けば、それでよい「論文」はできあがるので、小学生でさえ、簡単によい「論文」を書くことが可能なのですが、教える側が（どういうわけか）「論文」の書き方を教えないので、現状では、小学生の読書感想文は「論ずる文」になっていません。

　いくぶん繰り返しの内容になりますが、読書感想文の書き方について、簡単にまとめておきましょう。

[読書感想文]
「どう思ったかをただ書けばよい」と考えている人が多いでしょうが、それではダメです。
　読書感想文では「あなた自身の意見」を書くので、それは理詰めに書かねばならず、論理的な構造をもっていなければなりません。
　つまり、どう思ったか（これが結論としての主張）のほかに、それを支えるもの（なぜそう思ったか）について詳しい説明が必要なのです。そして、その説明を読んだ人が「そういうことなら、その結論となるのはもっともだ」と思う文章が、うまく書かれた読書感想文なので

す。

　以上の説明を読んだあとでは、作文も基本的に同じであること——「論文」の形式で書かねばならないこともわかるでしょう。作文は、「あなたの考え」を伝える文章です。論理構造が必要なのです。つまり、結論としての主張と、それをしっかり支えるものが必要なのです。このことは例を見るのがてっとり早いでしょうから、例を示すことを急ぎましょう。作文の作り方を簡単に説明して、その方法で実際に作文を作ってみましょう。

[40) 作文・小論文の「見かけの構成」（文章形式）

　以下の文では「パラグラフ」（paragraph＝文章上の節、段落）という語を使います。パラグラフは形式段落と同じで、強制改行から次の強制改行までの文章です。「段落」の語を使わずにその語を使う理由は、「段落」には形式段落と意味段落の２つがあり、まぎらわしいからです。また、形式段落の語を使わない理由は、論理的な文章では、意味段落と形式段落が　致していなりればならないからです（１つのことを説明している最中に段落を変えると、２つの段落の間の関係を読み手が考えなければな

らなくなって、論理構造を理解するための負担が読み手にかかるからですし、その負担ゆえに読み手が論理構造を理解できなくなる可能性も出てくるからです。理詰めの文章では、意味のブロックが形式のブロックでなければいけません）。

　作文も小論文も、次の文章形式で書きましょう。

　まず、最後のものから説明していきます。
　最後のパラグラフ（必ず１つ。２つに分けてはいけない）には結論を書きます。ここに書く結論は、ボディーまでに書いた事柄から導き出せるものでなければなりません（どんなものから何が導き出せるかについては、もうずいぶん練習しましたね）。ボディーまでに書いてないことを、結論のパラグラフに書いてはいけません。
　紹介のパラグラフ（必ず１つ。２つに分けてはいけない）には、文章全体の紹介を書かねばなりません。ここには「結論」の短縮版と、「それを支える理由」を書か

ねばなりません。

　ボディーのパラグラフ（数個）には、紹介のところで書いた「支える理由」について詳しく説明を書きます。ここのパラグラフ数は、支える理由の数と一致させねばなりません。つまり、支える理由が２つなら、パラグラフ数は２つです。

　以上の説明がどういう意味かがよくわかるように、短い作文の作成例を挙げましょう。

※注意：「このような内容を書こう」という例ではありません。「このような形式で書こう」という例です。

　テーマ（およびタイトル）は「失恋」とします。

　さて、まず結論を何にするかを考えましょう。あなたは最近失恋したとします。では、そのときのことを書けばいいですね。そのときどんなでしたか？　何もつらくはなかった。それだけでなく、２つの良いことがあった……それは何？　１つ目は、その相手に実は恋していたのではないことに気づいたこと。２つ目は、ごく身近に素敵（すてき）な女の子がいたことに気づいたこと。で、結局、どうでした？　理想のガールフレンドを獲得（かくとく）してラッキーだった。

と、ここまで考えると何が結論で、何を書いたらそれを支えることができるか、わかりますね。
　作文の概要は次のようになります。

　失恋はきっと苦いものだろうと私は考えていたが、それは間違いだった。私には失恋は素晴らしいものだった。私は失恋し、幸運にめぐり会ったのである。私が恋していると思っていた相手に、私は実は恋していなかったことに気づき、ごく身近に素敵な女の子がいたことにも気づいたからである。
　ボディー１つ目のパラグラフ（ここには、ふられたときのことを詳しく書く。とくにその相手に実は恋していたのではないことに気づいた瞬間（しゅんかん）の様子を書く）。
　ボディー２つ目のパラグラフ（ここには、ふられたことをごく身近な女の子に話して、その子が素晴らしい子だったことに気づいた瞬間のことを詳しく書く——その子の素晴らしさが読み手に伝わるように克明（こくめい）に。そして、今はその子と付き合っていることも書く）。
　こうして私は失恋をし、理想のガールフレンドを獲得するという幸運に出会ったのである。私にとって失恋は、あまりにも素晴らしい出来事であった。

　以上は概要にすぎませんが、それでも「論理」の圧倒

的なパワーが感じられるでしょう？

　論理構造がしっかりしている作文とは、このような形式の文章をいいます。ここに書かれている内容は、理屈を構成する要素のみです。それが、わかりますね。

　論理（理屈）と関係のないことを書いてはいけません。それを書いたら論理的にムチャクチャな作文になってしまいます。

失恋がテーマの小説を
昨日読んだことを
書き足すのは余分かな？

　結論で、

「便利な世の中になればなるほど自分に必要なものは何かを考えることが大切である」

　と書きたいなら、ボディーのところに何が書かれていなければいけないでしょう？

- なぜそれを考えることが大切なのかの説明
- 大切なのが行動ではなく **「考えること」** であること（考えれば終わり？　考えたらもう行動しなくてよい？）の説明（これについてはあとで補足説明があります）
- 便利でない世の中でそのように考える必要のないことの説明（これがないと **「便利な世の中になればなるほど」** の意味がわからなくなる）

　そして、論理以前の問題として、

- **「自分に必要なもの」** の意味が不明なので（日々の生活のために必要なもの？　大人になった将来のために必要なもの？　良い人格作りのために必要なもの？等々）、これがどういう意味なのかの説明
- 便利な世の中とは何か（書き手がどのような意味でこの表現を使っているのか）の説明

これらを書いて初めて、結論が「論理的に導かれた結論」になります。それらがないと、文章の論理がムチャクチャになってしまいます。

　ちなみに、これらの条件を満たす文章を書くのは非常に困難ですね。それは、「便利な世の中になればなるほど自分に必要なものは何かを考えることが大切である」が漠然としすぎているからです。
　漠然とした結論を頑丈（がんじょう）に支えるのはほとんど不可能です。このような結論を書こうとするのは避けましょう。

　［補足説明］
　結論には「考える」ではなく行動の動詞を使うほうがよい。なぜなら「考えて終わり」ではありませんから。
　つまり、たとえば、次の2つでは、前者のほうがよい結論の書き方です。

「濫読（らんどく）する場合でも、良い本を選んで読むべきである」
「濫読する場合でも、良い本が何かを考えるべきである」

　以下、文章を書く際の注意点に軽くふれていきましょ

う。これらを守るだけで、あなたの文章の論理性は格段に高まるでしょう。あなたの文章の論理がムチャクチャでない限り。

良い木が何かを
考えたから、
ほかには何も
しなくていいんだよね

「何かを論ずるときは、客観的に述べるのが望ましい」ということは、たいていの人は知っていますが、どう書くのが客観的で、どう書くのが主観的かについては、知りません。

多くの人は「客観的」の意を「偏りなしに」くらいのものととらえています（その理解は間違いではありませんが、それが客観的の意のすべてではありません）。

主観的とは、感情が基になっていることを指し、客観的とはその逆で、感情を基にしていないことを指します。つまり、「私の感情が今どうであるか」を述べたら、それは主観的な記述なのです。

論ずる際は、自分の感情に言及してはなりません。それでは文章が客観的ではなくなるからです。

たとえば、「**私はとても悲しい。（だから）＊＊を廃止すべきです**」——これではダメです。

私は
とても
悲しい

43) 「私」を使わないこと

「私」を文中に使うと、自分の感情に言及していなくても、文章が主観的に書かれている印象が強まります。「私」を使わずに書ける文は、「私」抜きで書きましょう。

【問題】
論ずる際には、次のうちのどちらの文がいい？
(a) 中学生は家で１日少なくとも５時間勉強すべきである。
(b) 中学生は家で１日少なくとも５時間勉強すべきである、と私は思う。

【答え】
(a) 中学生は家で１日少なくとも５時間勉強すべきである。

　あることを書いたとき、その後ろに具体的な資料・事実を挙げて支えられる場合は、必ず挙げましょう。

【例】
　テレビは本や新聞を不要にしたわけではなかった。テレビでのドラマ化により、原作である小説の売れ行きが増えることはあっても減ることはなかった。

　この後ろには、たとえば、「テレビが一般に普及する前」と「普及した後」とで、本のジャンル別発行部数や新聞の印刷部数などについての資料（統計値）や、テレビドラマ化された小説に関する資料が必要です。それらの資料を見て、「確かに『テレビは本や新聞を不要にしたわけではなかった』といえるな」「確かに『テレビでのドラマ化により、原作である小説の売れ行きが増えることはあっても減ることはなかった』といえるな」と読み手自身が結論できる——そういう資料が必要です。それがあると「理詰めの文章」という感じが強まります。
　逆にそれなしで話が先に進んでしまうと「私がそう述べているのだから、私の記述をわけもなく信ぜよ」と述べてあるかのごとくで、文章が理詰めに書かれている印

象がなくなります。

【問題】

「インターネットでは新聞も読めるため、当然ながら、インターネットが日常的なものになるにしたがって、新聞の定期購読者数は減っていった」

この文の次に書くべき文章は何？

【答え】

それを見ることで「インターネットが日常的なものになるにしたがって、新聞の定期購読者数は減っていった」と読み手自身が結論を導ける資料の文章。

　読み手が理解できないことを書いてはいけません。また、誤解するかもしれないように書いてはなりません。

　たとえば、
「私は勉強以外のことを教える学校を作りたい」──これではダメです。
　これでは、その学校で何が教えられるのかがわかりませんから。

この方法、教えて

　日本人は「説明が不十分だったり不正確だったりする文章」から書き手の意図を汲み取る訓練を国語の時間に受けているので、「表現が不正確な文章を読んでも、不正確とは思わないし、自分で文章を書くときも、不正確な表現の文章を書きながら正確な表現の文章を書いたつもりでいる」──そのような人が多いのです。

　次の例を見てください。たいていの日本人は、この文の表現が不正確であることに気づきません。あなたは果たして、気づくことができますか？

【文例A】
インターネットでの検索（けんさく）やEメールの送受信に費（つい）やす時間が1日に数時間にもなると……

　この表現は変ですね。変なことがわかりますか？
　Eメールの送受信は、ふつう数秒なので、加算する意味がないのです。

　実は、「Eメールの送受信」という表現が正確ではないのです。その部分は、「Eメールを書いたり読んだりすること」の意なのです。それを間違って「Eメールの

送受信」と書いてしまっているのです。

　文例Ａを読んで「全然変じゃない」と思った人は、「Ｅメールの送受信」の部分の意味を自分の頭の中で、変でない表現（たとえば「Ｅメールを書いたり読んだりすること」）に無意識に変更しているのでしょう。

「『Ｅメールの送受信』という不正確な表現でも『Ｅメールを書いたり読んだりすること』の意は読み手に通じるから、それでもいいんだ」などと考えたりしてはいけません。不正確な表現では間違いなのです。

【文例Ｂ】
　Ｅメールのおかげで、日本人は、面と向かっての対話や議論などをほとんどしなくなった。それでなくても話し下手で通る日本人が、面と向かってのディベート（debate＝肯定・否定に分かれて行う討論）の機会を失った結果、ますます口下手の度合いを強めつつある。

　この文章を批判してみましょう。

「通る」を評価に関して使う場合、それは「高い評価を受けている」の意です。つまり「彼女は学校では天才で通っている」とはいいますが、「彼女は学校ではバカで通っている」とはいいません。

それを承知のうえで、たとえば皮肉として使う場合は
「通る」をカギカッコでくくるとか、傍点をつけるなど
して、書き手が言葉を使い間違えているのではないこと
を読み手に知らせるべきです。
　誤解を避ける工夫を可能な限りするのが、理詰めに書
く場合の鉄則です。

「おかげで」は恩恵の意。ここではＥメールの弊害を書
こうとしているので「おかげで」を使うのは適切ではあ
りません。皮肉として使いたいなら、カギカッコでくく
るか傍点をつけるなどすべきです。

「面と向かっての対話や議論などをほとんどしなくなっ
た」、それゆえ、「面と向かってのディベートの機会を失
った」は間違い。第一、友人や知人とは、対話や議論や
討論などはしますが、ディベートはしません。おそらく
「ディベート」が何かを、この筆者は誤解しています。
　それは別としても、「ほとんどしなくなった、ゆえ
に、（すっかり）失った」は単純な論理間違い。
「口下手」「話し下手」の語の使用で、論理が錯乱して
います。
「口下手」とは、お世辞、慰めを適切に言えない人であ
って、口下手か否かと、議論下手か否か、説明下手か否

かなどとは関係がありません。議論上手や説明上手になっても、口下手は改善されないし、議論下手や説明下手になっても、口下手の度合いが増すわけではありません。

「話し下手」はスピーチや体験談などを聞き手の関心を引きつけたままで語る能力が劣る人のことで、議論下手や説明下手と意味がまったく異なります。

47）論理構造と関係のないことを書いてはいけない

例を示します。

【例】
「Aである。ゆえにBすべきである」

この中に「AとなったのはCのせいかもしれない」を入れてはいけません。

日本人が書くことの多い「論理構造と関係のないこと」は次に1項として独立させて扱います。

　議論を述べる際には、「役割分担」というものがあり、それを守らねばなりません。まず「役割分担」の意味について説明します。

　来月のクラスの遠足で、どこに行くかを話し合っている場です。行く先の候補は、水族館と植物園の２つに絞られています。ここでの話し合いで、水族館派は**「なぜ水族館のほうがよいのかの理由」**を述べる義務があり、それを述べるのが、その派の役割です。この派は、植物園のほうがよい理由を述べてはなりません。それを述べるのは、植物園派に任せなければなりません。これは、植物園のほうがよい理由を無視せよという意味ではありません。単に、話し合いで何を述べるかの役割分担の話です（植物園派の述べていることのほうがもっともだと思うなら、話し合いのあとの投票で、植物園のほうに票を入れればよい——ただそれだけのことで、それと、話し合いの際に水族館のほうがよい理由だけ述べることとは別の問題です）。

　文章を書く場合もこれと同じです。反論派が書くべきことをあなたが書いてはいけません。それは反論派に任せなければいけません（**「自分に不利なことを隠せ」**という意味でないことは、もうわかりますね）。つまり、次の

ような書き方をしてはいけません（わかりやすいように、前記と同じ話題を使います）。

「植物園に行くことにはこうこうこのようなメリットがある。〈と延々と説明。そしてそのあとで〉だが、水族館に行くことにはこうこうこのようなメリットがある。だから私たちは水族館に行くほうがよい」

　この形の書き方（何かを論ずる際に、多くの日本人がこのような書き方をしています）は、冒頭の長い説明が余分です——結論としての主張でも、その主張を支える理由でもないので、論理構造とは関係のない部分です。

　言外の意とはせず、すべて明言しましょう。それが理詰めに書く鉄則です。

「これから何を書こうとしているのか」（概要案内や概論）を、先に書きましょう。これを書くと配慮が行き届いた文章に見え、文章の**「知的な印象」**が強まります。

現代では、印象派の人気は地に落ちた

こう書くと、現代での印象派の人気について、これから詳しい説明が書かれることがわかります

こう書くと、それがどんな形式なのか、これから詳しい説明が書かれることがわかります

小論文を書くときには、守ったほうがいい形式があります

　argument（議論）で述べる結論は、それに対して賛成派と反対派が議論を始められるものでなければなりません。たとえば、結論が「私にはわからない」であるなら、それに対して賛成派と反対派が議論を始めたら「私にはわからない」「いや、あなたにはわかる」の議論となり、ナンセンスです。つまり、議論の結論は「私にはわからない」ではダメなのです。同様に、結論は「＊＊についての議論を始めよう」でもダメです。「＊＊についての議論を始めよう」「いや、始めるのはやめよう」では、議論としてナンセンスです。

　以上を踏まえて、文章にすると以下のようになります。

「Aに賛成」や「Aに反対」は結論のありかたとして正しい。

今日はどんな議論だった？

1人が「議論を始めよう」と言い続けて、もう1人が「いや、始めるのはやめよう」と言い続ける議論だったよ

「Aに賛成か反対か、私にはわからない」これはダメ。
「Aの是非（ぜひ）についての議論を始めよう」これもダメ。

52）ギャップをより少なく

　支える部分を可能な限り詳しく丁寧に書きましょう。そうすれば議論中のギャップは少なくなり、もっともらしさ、理にかなった感じが増します。

53）文学性に関した注意点

　論文（考えを説明する文）を文学的に書いてはいけません。これが大原則です。

　意味を正確に伝える文章を書けなくて、それを補おうとしてムードを伝えることにやたら努力を払う人がいます。中には、正確に意味を伝えるのでは文章が味気なくなるので、故意にムード中心とする人すらいます。とくに、自分に酔った文章を書きたがる人にその傾向が強いです。その人たちは、そう書くことが文学的才能の表現と誤解しているのです。文学的才能とは、作品の世界の

中に読者をのめり込ませる・引きずり込む文章を書ける能力です。自分に酔った不正確な文章を書ける能力や意味不明の文章を書ける能力のことではありません。

　その人たちは、補う努力ではなく、正確に意味を伝える文章を書く練習をすべきです。説明文では、書き手が伝えたいことをより正確に誤解なく読み手に伝えることが最も大切だからです。文学作品（何を伝えたいのかが必ずしも読み手に伝わらなくてもよい）とは根本的に異なるのです。

54）論ずる際は、レトリックを使わないこと

　※レトリックを使わないことについてはすでに書きました（90ページ）が、注意を促すために繰り返します。

　日本人は論ずる際にレトリックをふんだんに使うので

注意してください（たいていの人はレトリックとは何かを知らないけれど）。

【例】
「首相は＊＊をした。そのようなことをするなんて、首相はいったい何を考えているのだろうか」
「いったい何を考えているのだろうか」の部分は文字通りの意味ではなく、「そのようなことをする理由をまったく想像できないほど、その行動は間違っている」の意。

「自分でそれに答えるための疑問文」を書いてはいけません。
　たとえば、「△△はなぜか。＊＊だからである」、これはダメです（そのように書きたいのなら、「△△は、＊＊だからである」と書きましょう）。
　ただし、書き手自身にわからないことを書くときは、疑問文を書いてかまいません。
　たとえば、「△△はなぜか。＊＊だからなのかもしれない」――これはＯＫです。

例を挙げましょう。

【例】

「△△という古い考えは＊＊」

この文には「古い」の形容詞を使っている点に問題が
あります。暗に「古いからダメだ」と読み手に考えさせ
ることを目的として使われているからです。

おわりに

　以上で本書は終わりです。

　本書を読み終えた今、あなたはきっと「私は論理思考について完全な理解を得た」と思っていることでしょう。そして実際、あなたはそれを得ているでしょう。

　それを確信しましょう（たとえそれが錯覚だったとしても、です）。その自信があなたを引っ張っていくことでしょう。

チャオ

文庫版あとがき

　2006年の発売から十代に限らずさまざまな年齢層の方々に買っていただいた本書が、このほど文庫化されることになりました。
　より手軽に入手可能となった本書が、みなさまに長らくご愛読いただければ幸いです。

　なお、文庫化に際し、ヒガシマサユキさんにイラストを新たに十点ほど追加していただきました。元の単行本のときも今回も、やさしいタッチの素晴らしいイラストで本書にソフトな趣_{おもむき}を加えていただきましたことを、氏に深く感謝いたします。

　2020年7月

小野田博一

著者紹介

小野田博一（おのだ　ひろかず）

東京大学医学部保健学科卒。同大学院博士課程単位取得。大学院のときに2年間、東京栄養食糧専門学校で非常勤講師を務める。日本経済新聞社データバンク局に約6年間勤務。JPCA（日本郵便チェス協会）第21期日本チャンピオン。ICCF（国際通信チェス連盟）インターナショナル・マスター。JCCA（日本通信チェス協会、旧称JPCA）国際担当（ICCF delegate for Japan）。

著書に、『絶対困らない議論の方法』（三笠書房）、『論理力を強くする』『論理パズル「出しっこ問題」傑作選』（以上、講談社）、『論理的な作文・小論文を書く方法』『数学〈超・超絶〉難問』（以上、日本実業出版社）、『論理的に話す方法』（ＰＨＰ研究所）など多数。

本文イラスト：ヒガシマサユキ

本書は、2006年10月にＰＨＰエディターズ・グループから刊行された『13歳からの論理ノート』を改題し、加筆・修正したものである。

PHP文庫　一生使える!　13歳からの論理ノート

2020年8月18日　第1版第1刷

著　　者	小 野 田 博 一
発 行 者	後 藤 淳 一
発 行 所	株式会社PHP研究所

東京本部　〒135-8137　江東区豊洲5-6-52
　　　　　PHP文庫出版部　☎03-3520-9617（編集）
　　　　　普及部　☎03-3520-9630（販売）
京都本部　〒601-8411　京都市南区西九条北ノ内町11

PHP INTERFACE　　https://www.php.co.jp/

制作協力 組　　版	株式会社PHPエディターズ・グループ
印 刷 所 製 本 所	図書印刷株式会社

PHP文庫

3時間で頭が論理的になる本

出口 汪 著

ビジネスにすぐ活かせる論理的思考法を、「読む」「書く」「話す」を中心にまとめた一冊。議論やプレゼンの説得力が大幅にアップ！

PHP文庫

伊藤真の

考え抜く力

思考力を鍛える90のメソッド

社会人が直面する問題は答えのないものばかり。現代人に不可欠な「考える力」を飛躍的に高めるための90のノウハウを開示する。

伊藤　真　著

PHP文庫

プロ弁護士の仕事術・論理術

矢部正秋 著

キャリア豊富な国際派弁護士が現場で鍛え上げたものの見方、人間関係の読み方を解説。経験に裏打ちされた思考だけが実生活の役に立つ。

PHP文庫

7日間で突然頭がよくなる本

小川仁志 著

頭がよいとは「物事の本質をつかめる」ということ。落ちこぼれを京大→哲学者にしたとっておきの思考術、「哲学という魔法」を大公開！

🌳 PHP文庫 🌳

［図解］すぐに使える！
論理思考の教科書

論理的に考え、話し、書くだけで、必ず大きな差がつく！　どんな仕事もうまくいくコツを、豊富な図解とともにやさしく解説した入門書。

西村克己　著